EXPOSITION

D'ART AFRICAIN

D'ART OCÉANIEN

GALERIE PIGALLE

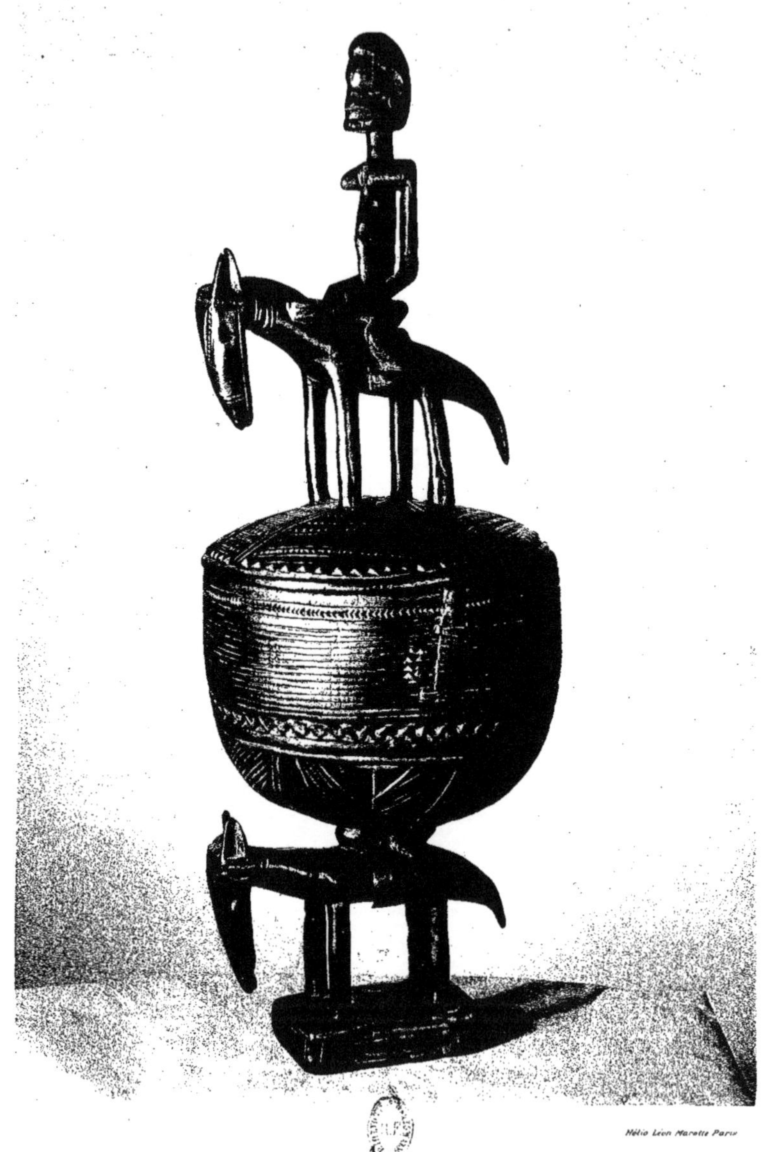

1

EXPOSITION

D'ART

AFRICAIN

ET D'ART

OCEANIEN

◆

PARIS

GALERIE PIGALLE

1930

*I*L n'est plus nécessaire aujourd'hui de faire la présentation au public de l'art des noirs de l'Afrique et de l'art de l'Océanie. S'il est encore trop tôt pour préciser leur très grande influence sur la peinture et la sculpture de ces vingt-cinq dernières années, nous pouvons constater que l'art d'aujourd'hui nous a accoutumés, par une sorte de choc en retour, à des formes qui eussent paru, il y a peu d'années, extravagantes et barbares. Ainsi nous est déjà familière une esthétique entièrement différente de l'esthétique méditéranéenne qui régissait le goût, à tel point et depuis si longtemps, que l'on pouvait à peine concevoir la possibilité d'autres solutions.*

L'exposition de l'art des colonies françaises et du Congo belge en 1925, au Musée des Arts Décoratifs, présenta déjà une réunion importante des productions artistiques de ces divers pays. L'exposition de la Galerie Pigalle diffère de celle-ci en ce qu'elle nous montre des œuvres non seulement de certaines colonies, mais de toutes les régions artistiques de l'Afrique noire et de l'Océanie. On pourra voir ici, exposés pour la première fois à Paris, quelques-unes de ces rares sculptures du Bénin, un ensemble représentatif de l'art du Cameroun qui était à peu près inconnu en France il y a seulement deux ans, ainsi qu'une série de sculptures des colonies anglaises de l'Océanie, notamment de la Nouvelle-Guinée et de la Nouvelle-Zélande.

Si nous pouvons généralement préciser la provenance géographique des œuvres — et ceci nous le devons en grande partie à l'ethnographie — nous ne savons presque rien sur le développement de ces arts dans le temps et sur les influences qui les ont régis. A peine avons-nous quelques dates sur les productions artistiques du Bénin en Afrique où cependant de vastes empires se sont succédé depuis le haut moyen-âge. Si des traditions, à peu près certaines parce que communes à tout l'est de l'Océanie, nous apprennent que la Nouvelle-Zélande devint une colonie polynésienne vers le quatorzième siècle, nous n'en pouvons rien déduire quant à l'âge des sculptures de jade ou de bois qui nous sont restées, ni quant au degré de parenté du tiki maori avec le taoh' tieh chinois.

Cependant, des fouilles méthodiques commencent à être effectuées en Afrique, des travaux d'irrigation ont fait découvrir en Nouvelle-Zélande des sculptures d'un style tout à fait différent de celui qui nous était connu jusqu'alors. Le temps n'est pas lointain où, l'ethnographie, qui seule jusqu'ici s'est occupée des manifestations artistiques de ces peuples, devra abandonner ce sujet à l'archéologie et à l'histoire de l'art.

AFRIQUE

Soudan français

1. COUPE RITUELLE du Hogon posée sur un animal, le couvercle surmonté d'un homme à cheval. Bois patiné brun foncé.
   HABBÉ.   Haut. 0 m. 75.   *Coll. Mme Hein.*

2. FIGURE représentant une femme debout. Colonne vertébrale en dent de scie. Bois.
   HABBÉ.   Haut. 0 m. 76.   *Coll. Ratton.*

3. FIGURE bi-sexuée assise sur un tabouret supporté par cinq petits personnages. Elle tient à la main un instrument indéterminé. Un étui est suspendu à son dos. Bois patiné brun foncé.
   HABBÉ.   Haut. 0 m. 67.   *Coll. G. de Miré.*

4. FIGURE de femme debout ornée de tatouages. Bois patine brune.
   HABBÉ.   Haut. 0 m. 67.   *Coll. Tristan Tzara.*

5. FIGURE de femme debout. Bois patine noire.
   HABBÉ.   Haut. 0 m. 64.   *Coll. G. de Miré.*

6. FIGURE féminine debout ornée de tatouages. Bois patine brune.
                            Haut. 0 m. 53.   *Coll. P.-H. Bruce.*

7. FIGURE de femme ornée de tatouages assise sur un tabouret. Bois teinté noir.
                            Haut. 0 m. 61.   *Coll. Louis Marcoussis.*

8. STATUETTE de femme ornée de tatouages. Bois teinté noir.
                            Haut. 0 m. 54.   *Coll. Feder.*

9. SERRURE à chevilles ornée d'un oiseau et de décors géométriques. Bois teinté brun.
                            Haut. 0 m. 41.   *Coll. Félix Fénéon.*

10. VERROU représentant une femme debout. Bois et fer.
                            Haut. 0 m. 54.   *Coll. R. Stora.*

11. SOMMET DE MASQUE « Suguni » garni d'une figure d'antilope. Bois noir.
    MANDÉ. Région du Haut-Niger.   Haut. 0 m. 42.   *Coll. Mme de Saint-Villemer.*

12. HAUT DE MASQUE « Suguni » en forme d'antilope. Bois teinté noir.
    MANDÉ. Région du Haut-Niger.   Long. 0 m. 82.   *Coll. Deslouis.*

13. HAUT DE MASQUE « Suguni » représentant une antilope. Bois.
    MANDÉ. Région du Haut-Niger.   Haut. 0 m. 74.   *Coll. Moris.*

14. HAUT DE MASQUE « Suguni » en forme d'antilope. Bois patine noire.
    MANDÉ. Région du Haut-Niger.   Long. 0 m. 66.   *Coll. Deslouis.*

15. HAUT DE MASQUE en forme de tête de mule. Bois patine brune.
                            Haut. 0 m. 37.   *Coll. Deslouis.*

16. MASQUE d'homme stylisé orné de deux cornes. Bois patine noire.
                            Haut. 0 m. 46.   *Coll. Tristan Tzara.*

17. MASQUE cornu de forme allongée sans bouche. Bois teinté brun, traces de polychromie.
                            Haut. 0 m. 57.   *Coll. J. Lipchitz.*

Guinée française

18. FÉTICHE DE LA MATERNITÉ représentant un buste de femme orné de tatouages. Bois. Robe en raphia.
Rivières du Sud.   Haut. 1 m. 25 (sans la robe)   *Coll. P Picasso.*

19. TAMBOUR DE CÉRÉMONIE de forme conique supporté par quatre personnages. Bois teinté noir et blanc.
Rivières du Sud.   Haut. 1 m. 13.   *Coll. Béla Hein.*

20. STATUETTE représentant une femme debout. Bois.
Bagas. Rio-Nunez.   Haut. 0 m. 25.   *Coll. Dr. Stéphen Chauvel.*

Haute Volta

21. MASQUE. Bois patine brune.
Confins du Soudan français.   Haut. 0 m. 30.   *Coll. Jos. Hessel.*

22. HAUT DE MASQUE orné d'un cervidé. Bois polychromé.
Confins de la Côte d'Ivoire.   Long. 0 m. 23.   *Coll. Deslouis.*

Libéria

23. SOUFFLET DE FORGE antropomorphe. Bois teinté brun.
          Long. 0 m. 63.   *Coll. Moris.*

24. MASQUE. Bois polychromé.
Région forestière. Confins de la Côte d'Ivoire. Haut. 0 m. 23. *Coll. Pierre Lœb.*

25. MASQUE garni de barbe et de cheveux tressés. Bois polychromé.
Région forestière. Confins de la Côte d'Ivoire. Haut. 0 m. 28. *Coll. Galerie Percier.*

Côte d'Ivoire

26. FIGURE D'HOMME debout. Bois teinté noir.
Sénoufo. Confins du Soudan Fr. Haut. 0 m. 35.   *Coll. A. Derain.*

27. FIGURE DE FEMME debout ornée de tatouages. Bois patine brune.
Sénoufo. Confins du Soudan Fr. Haut. 0 m. 26.   *Coll. Tristan Tzara.*

28. STATUETTE d'homme assis tenant l'extrémité de sa barbe tressée entre ses mains le corps orné de scarifications. Bois patine noire.
Baoulé.   Haut. 0 m. 42.   *Coll. G. de Miré.*

29. FIGURE D'HOMME debout, le corps orné de scarifications. Bois teinté noir.
Baoulé.   Haut. 0 m. 57.   *Coll. G. de Miré.*

30. STATUETTE FUNÉRAIRE représentant un buste de personnage. Terre cuite.
Agni. Pays Fanty.   Haut. 0 m. 43.   *Coll. Dr. Lheureux.*

31. STATUETTE FUNÉRAIRE représentant un buste de personnage. Terre cuite.
Agni. Pays Fanty.   Haut. 0 m. 32.   *Coll. Dr. Lheureux.*

32. STATUETTE FUNÉRAIRE représentant un buste de personnage. Terre cuite.
Agni. Pays Fanty.   Haut. 0 m. 33.   *Coll. Dr. Lheureux.*

33. STATUETTE FUNÉRAIRE représentant un buste de personnage. Terre cuite.
Agni. Pays Fanty.   Haut. 0 m. 38. *Coll.*   *Tristan Tzara.*

33 *bis*. TÊTE HUMAINE. Bois.
          Haut. 0 m. 18.   *Coll. Ary Leblond.*

34. TÊTE HUMAINE. Bois polychromé.
> Haut. 0 m. 24.   *Coll. Jos. Hessel.*

35. TAMBOUR. Caisse en bois sculptée gravée peint : entre deux zones de motifs géométriques, cinq personnages féminins, un personnage masculin portant un fusil et fumant une pipe, deux faces masculines, deux sauriens, dont l'un dévore un poisson et l'autre un animal indéterminé, deux animaux grimpeurs, deux animaux accouplés (chiens ?), oiseaux, reptiles, armes, mains de fatma, motifs géométriques, etc. Peau tendue à l'aide de fibres végétales par des chevilles disposées entre des saillies hémisphériques recouvertes d'un filet.
> Haut. 1 m. 98. Larg. 0 m. 48.   *Coll. Musée d'Ethnographie du Trocadéro.*

36. PELLE A BLÉ dont le manche est terminé par une tête sculptée. Bois teinté noir.
> Haut. 0 m. 67.   *Coll. Max Pellequer.*

37. MARTEAU A MUSIQUE décoré d'une tête cornue. Bois patine noire.
BAOULÉ.   Haut. 0 m. 25.   *Coll. Galerie Percier.*

38. MARTEAU A MUSIQUE décoré d'une tête cornue. Bois patine noire.
BAOULÉ.   Haut. 0 m. 25.   *Coll. A. Level.*

39. MASQUE surmonté d'un ornement en forme de peigne. Bois patine rouge.
Confins du Soudan.   Haut. 0 m. 35.   *Coll. Tristan Tzara.*

40. MASQUE de cynocéphale. Bois teinté noir.
> Haut. 0 m. 45.   *Coll. Félix Fénéon.*

41. MASQUE de cynocéphale. Bois teinté noir.
> Haut. 0 m. 53.   *Coll. Jos. Hessel.*

42. MASQUE de cynocéphale. Bois teinté noir.
> Haut. 0 m. 45.   *Coll. A. Level.*

43. MASQUE « N'GOUROS » représentant une figure humaine surmontée d'un oiseau. Bois teinté noir et polychromé.
> Haut. 0 m. 45.   *Coll. Le Véel.*

44. MASQUE « N'GOUROS » représentant une figure humaine. Bois teinté noir.
> Haut. 0 m. 33.   *Coll. Deslouis.*

45. MASQUE « TOMA » représentant une tête de renard. Bois patine noire.
> Haut. 0 m. 33.   *Coll. Paul Morand.*

45 *bis*. MASQUE « TOMA » représentant une tête de renard. Boîte patine noire.
> Haut. 0 m. 00   *Coll. Jallot.*

46. MASQUE. Bois teinté noir.
BAOULÉ.   Haut. 0 m. 31.   *Coll. André Portier.*

47. MASQUE représentant une figure humaine. Bois polychromé.
BAOULÉ.   Haut. 0 m. 37.   *Coll. Paul Morand.*

48. MASQUE. Bois traces de polychromie.
BAOULÉ.   Haut. 0 m. 32.   *Coll. Dr. Stéphen-Chauvet.*

49. MASQUE. Bois.
Région de la Savane.   Haut. 0 m. 25.   *Coll. Paul Guillaume.*

50. MASQUE DE DANSE à tête d'homme orné de tatouages. Bois teinté noir.
> Haut. 0 m. 39.   *Coll. J. Lipchitz.*

51. MASQUE cornu en forme de tête d'animal. Bois traces de polychromie.
> Haut. 0 m. 47.   *Coll. Louis Carré.*

52. MASQUE « MAN » entouré d'une barbe en raphia. Bois laqué noir, traces de polychromie.
Région forestière.   Haut. 0 m. 28.   *Coll. R. Stora.*

53. MASQUE de forme allongée cornue. Bois teinté brun et noir.
Haut. 0 m. 39. *Coll. R. Stora.*

54. MASQUE tatoué orné de poils de singe. Bois patine noire.
Haut. 0 m. 33. *Coll. Tristan Tzara.*

55. MASQUE représentant une tête d'animal stylisée. Bois teinté brun.
Haut. 0 m. 38. *Coll. Jos. Hessel.*

55 *bis*. MASQUE représentant une figure stylisée. Bois patine noire et fibres.
Région forestière. Haut. 0 m. 38. *Coll. Ary Leblond.*

56. MASQUE « TOMA » à bec recourbé. Bois teinté noir.
Haut. 0 m. 24. *Coll. G. de Miré.*

57. MASQUE « DAN ». Bois patine noire,
Région de la Savane. Haut. 0 m. 23. *Coll. Paul Guillaume.*

58. MASQUE « DAN » orné d'une barbe en tissu végétal tressé. Bois laqué noir.
Région de la Savane. Haut. 0 m. 40. *Coll. Moris.*

59. MASQUE « DAN ». Bois laqué noir.
Région de la Savane. Haut. 0 m. 23. *Coll. R. Stora.*

60. MASQUE « DAN ». Bois laqué noir-brun.
Région de la Savane. Haut. 0 m. 21. *Coll. R. Stora.*

61. MASQUE « DAN ». Bois laqué noir, traces de polychromie.
Région de la Savane. Haut. 0 m. 31. *Coll. J. Lipchitz.*

62. MASQUE « DAN ». Bois teinté noir.
Région de la Savane. Haut. 0 m. 25. *Coll. J. Lipchitz.*

63. MASQUE « DAN » orné d'une barbe en tissu végétal tressé. Bois teinté brun.
Région de la Savane. Haut. 0 m. 29. *Coll. Moris.*

64. MASQUE « DAN ». Bois polychromé.
Région de la Savane. Haut. 0 m. 24. *Coll. Le Véel.*

65. MASQUE « MAN ». Bois teinté noir et blanc.
Région de la Forêt. Haut. 0 m. 27. *Coll. R. Stora.*

66. MASQUE « MAN » représentant une figure humaine. Bois patine noire.
Région forestière. Haut. 0 m. 36. *Coll. Paul Morand.*

67. MASQUE « MAN » stylisé géométriquement. Bois teinté brun.
Haut. 0 m. 26. *Coll. G. de Miré.*

68. MASQUE « MAN » à trois nez, mâchoire articulée. Bois orné de plumes et de poils.
Région forestière. Haut. 0 m. 24. *Coll. G. de Miré.*

69. MASQUE « MAN » représentant une figure de démon. Bois raphia et fourrure.
Région de la forêt. Haut. 0 m. 41. *Coll. Galerie Percier.*

70. MASQUE D'HOMME. Bois patine brun foncé.
Haut. 0 m. 37. *Coll. Paul Guillaume.*

71. BOBINE DE TISSAGE représentant une tête stylisée. Bois.
Sénoufo. Haut. 0 m. 40. *Coll. Dr. Stéphen-Chauvet.*

72. BOBINE DE TISSAGE décorée de têtes. Bois teinté noir.
Haut. 0 m. 15. *Coll. Galerie Percier.*

73. BOBINE DE TISSAGE homme à la barbe tressée. Bois teinté noir.
Haut. 0 m. 72. *Coll. G. de Miré.*

74. BOBINE DE TISSAGE ornée d'une tête. Bois teinté noir.
Haut. 0 m. 20. *Coll. Félix Fénéon.*

75. BOBINE DE TISSAGE représentant une tête cornue à décors géométriques. Bois teinté noir.
    DJIMINI.   Haut. 0 m. 20.   *Coll. R. Stora.*

76. ORNEMENT décoré au centre d'un masque auréolé de motifs géométriques. Or: Cire perdue.
    LOBI.   Haut. 0 m. 05.   *Coll. Paul Guillaume.*

77. PENDENTIF en forme de masque humain. Or. Cire perdue.
    LOBI.   Long. 0 m. 04.   *Coll. Le Véel.*

78. ORNEMENT en forme de masque d'homme à barbe tressée. Or. Cire perdue.
    LOBI.   Haut. 0 m. 05.   *Coll. A. Derain.*

79. ORNEMENT représentant un masque d'homme à barbe tressée. Or. Cire perdue.
    BAOULÉ.   *Coll. Dr. Stéphen-Chauvet.*

80. ORNEMENT en forme ovale décoré d'une tortue. Or. Cire perdue.
    LOBI   Diam. 0 m. 05.   *Coll. A. Derain.*

81. BAGUE dont le châton est formé de quatre spirales. Or. Cire perdue.
    LOBI.   Haut. 0 m. 02 1/2.   *Coll. Moris.*

82. ORNEMENT en or filigrané et ajouré.
    LOBI.   Diam. 0 m. 05.   *Coll. A. Derain.*

83. ORNEMENT en or filigrané.
    LOBI.   Diam. 0 m. 06.   *Coll. A. Derain.*

84. ORNEMENT en or filigrané et ajouré.
    LOBI.   Diam. 0 m. 06.   *Coll. A. Derain.*

85. ORNEMENT en or ajouré et filigrané.
    LOBI.   Diam. 0 m. 05 1/2.   *Coll. A. Derain.*

86. POIDS en forme de poisson. Bronze. Cire perdue.
    LOBI.   Long. 0 m. 07.   *Coll. Le Véel.*

87. POIDS en forme de bateau européen. Bronze. Cire perdue.
    LOBI.   Haut. 0 m. 06 1/2.   *Coll. Le Véel.*

88. POIDS représentant un scorpion. Bronze. Cire perdue.
    LOBI.   Haut. 0 m. 04.   *Coll. A. Bassler.*

89. POIDS représentant un crapaud. Bronze. Cire perdue.
    LOBI.   Long. 0 m. 06.   *Coll. Mme B. Hein.*

90. POIDS représentant un cavalier. Bronze. Cire perdue.
    LOBI.   Haut. 0 m. 06.   *Coll. Mme B. Hein.*

91. POIDS représentant une tête de buffle. Bronze. Cire perdue.
    LOBI.   Larg. 0 m. 05.   *Coll. Béla Hein.*

92. POIDS représentant un masque humain. Bronze. Cire perdue.
    LOBI.   Haut. 0 m. 04.   *Coll. Béla Hein.*

93. POIDS représentant une tête de buffle surmontée d'un oiseau. Bronze. Cire perdue.
    LOBI.   Haut. 0 m. 04.   *Coll. Béla Hein.*

94. POIDS représentant un masque humain. Bronze. Cire perdue.
    LOBI.   Haut. 0 m. 06.   *Coll. Béla Hein.*

95. POIDS représentant une tête de taureau. Bronze. Cire perdue.
    LOBI.   Haut. 0 m. 05.   *Coll. Béla Hein.*

96. POIDS représentant une tête de buffle. Bronze. Cire perdue.
    LOBI.   Haut. 0 m. 03.   *Coll. Béla Hein.*

97. POIDS représentant une tête de buffle. Bronze. Cire perdue.
    LOBI.   Haut. 0 m. 09.   *Coll. Bela Hein.*

98. POIDS représentant oiseau au long bec. Bronze. Cire perdue.
Lobi.   Long. 0 m. 024.   *Coll. Tristan Tzara.*

99. POIDS représentant un coq. Bronze. Cire perdue.
Lobi.   Haut. 0 m. 038.   *Coll. Tristan Tzara.*

100. POIDS représentant un caïman avec un poisson dans la gueule. Bronze. Cire perdue.
Lobi.   Long. 0 m. 079.   *Coll. Tristan Tzara.*

101. POIDS représentant un oiseau. Bronze. Cire perdue.
Lobi.   Haut. 0 m. 042.   *Coll. Tristan Tzara.*

102. POIDS représentant une antilope. Bronze. Cire perdue.
Lobi.   Long. 0 m. 033.   *Coll. Tristan Tzara.*

103. POIDS représentant une femme debout. Bronze. Cire perdue.
Lobi.   Haut. 0 m. 079.   *Coll. Tristan Tzara.*

104. POIDS représentant un masque de cynocéphale. Bronze. Cire perdue.
Lobi.   Haut. 0 m. 031.   *Coll. Tristan Tzara.*

105. FIGURINE. Homme monté sur une antilope. Bronze. Cire perdue.
Lobi.   Haut. 0 m. 08.   *Coll. P.-H. Bruce.*

106. FIGURINE cavalier tenant un bouclier rond. Bronze. Cire perdue.
Lobi.   Long. 0 m. 11.   *Coll. P.-H. Bruce.*

107. FIGURE DE FEMME assise. Bronze. Cire perdue.
Lobi.   Haut. 0 m. 08.   *Coll. P.-H. Bruce.*

108. FIGURINE femme debout se regardant dans un miroir. Bronze. Cire perdue.
Lobi.   Haut. 0 m. 12.   *Coll. P.-H. Bruce.*

109. PECTORAL en forme de crocodile. Or. Cire perdue
Achanti.   Haut. 0 m. 015.   *Coll. Tristan Tzara.*

110. PECTORAL en forme de tête de bélier stylisée. Or. Cire perdue.
Achanti.   Long. 0 m. 087.   *Coll. Tristan Tzara.*

111. BAGUE dont le chaton est décoré de quatre oiseaux. Or.
Achanti.   Haut. 0 m. 015.   *Coll. Dr. Stéphen-Chauvel.*

112. POIDS représentant un léopard mangeant une tortue. Or.
Achanti.   Haut. 0 m. 020.   *Coll. Dr. Stéphen-Chauvel.*

113. FIGURINE d'oiseau debout. Bois recouvert d'une feuille d'or agrafée.
Achanti.   Haut. 0 m. 11 1/2.   *Coll. Ratton.*

114. BOITE TRIPODE destinée à contenir de la poudre d'or, le couvercle est surmonté d'un animal. Bronze, patine verte.
Achanti.   Haut. 0 m. 11. Diam. 0 m. 15.   *Coll. A. Derain.*

115. PETIT MASQUE. Bronze. Cire perdue.
Achanti.   Haut. 0 m. 06.   *Coll. P.-H. Bruce.*

116. POIDS représentant un masque. Bronze. Cire perdue.
Achanti.   Haut. 0 m. 04.   *Coll. Mme B. Hein.*

117. PETIT MASQUE. Bronze. Cire perdue.
Achanti.   Haut. 0 m. 06.   *Coll. P.-H. Bruce.*

Dahomey

118. EBO, génie de la guerre. Chapeau (fixé par un boulon européen) garni d'instru-
ments divers, dont une houe, une flèche, un hameçon, un couteau et une sonnette
pendant à une chaîne. Le bras gauche replié porte une sonnette ; le bras droit est

armé d'un sabre (rapporté ?). Vêtements en forme de cloche. Pieds rivés à une plaque.
Ouida Dahomey. Don du Capitaine Fonssagrives.
Haut. 1 m. 70. Larg. 0 m. 69. *Coll. Musée d'Ethnographie du Trocadéro.*

119. FIGURE représentant un guerrier nu debout tenant un sabre dans chaque main. Laiton repoussé et rivé (proviendrait du trésor de Behanzin).
Haut. 1 m. 05. *Coll. Ratton.*

120. FIGURE représentant un lion marchant. Bois recouvert de plaques d'argent clouées. Socle recouvert de laiton repoussé et décoré de motifs végétaux. Proviendrait du Trésor de Behanzin.
Haut. 0 m. 29. *Coll. Ratton.*

121. STATUETTE représentant un guerrier à cheval. Bois polychromé.
Haut. 0 m. 40. *Coll. Félix Fénéon.*

122. STATUETTE représentant un homme debout. Bois teinté brun.
Haut. 0 m. 27. *Coll. Luc-Albert Moreau.*

123. COUPLE DE FIGURES D'ANCÊTRES. Bois teinté brun.
Haut. 0 m. 29. *Coll. G. de Miré.*

124. FIGURE DE FEMME debout ornée de bracelets de cuivre. Bois teinté brun.
Haut. 0 m. 254. *Coll. Tristan Tzara.*

125. HAUT DE SCEPTRE femme à genoux, tête ornée d'une haute coiffure. Bois teinté brun.
Schango. Haut. 0 m. 43. *Coll. Félix Fénéon.*

126. ROBE en toile de diverses couleurs. Brodée et ajourée.
Haut. 0 m. 95. *Coll. Mme de Saint-Villemer.*

Nigérie britannique

127. FIGURINE DE COQ debout, plumes gravées, ergots préominents. Bronze, patine verte et ocre.
Benin (xvie siècle). Haut. 0 m. 46. *Coll. Ratton.*

128. COLLIER décoré de quatre motifs représentant un rapace dévorant les entrailles d'un prisonnier dont les genoux sont liés. Bronze.
Benin (xvie siècle). Diam. 0 m. 257. *Coll. G. de Miré.*

129. TÊTE support de défense d'éléphant. Bronze.
Benin (xvi-xviie siècle). Haut. 0 m. 54. *Coll. Pierre Loëb.*

130. TÊTE support de défense d'éléphant. Bronze, patine verte.
Benin (xvie-xviie siècle). Haut. 0 m. 33. *Coll. Poyet.*

131. FIGURINE représentant un homme agenouillé. Bronze.
Yoruba. Haut. 0 m. 13. *Coll. Ratton.*

132. SCEPTRE en forme de serpent recourbé se mordant la queue. Ivoire.
Yoruba. Haut. 0 m. 25. *Coll. Ratton.*

133. MASQUE représentant une figure humaine. Bronze.
Benin. Haut. 0 m. 14. *Coll. Paul Guillaume.*

134. MASQUE représentant une figure humaine. Bronze.
Benin. Haut. 0 m. 17. *Coll. Paul Guillaume.*

135. STATUETTE représentant un chien. Bronze.
Benin. Long. 0 m. 17. *Coll. Paul Guillaume.*

136. COUPE décorée de deux cavaliers européens et d'un homme nu. Ivoire patine
rouge brune.
BENIN (XVIIe siècle).   Haut. 0 m. 11.   *Coll. J. Lipchitz.*

137. SCEPTRE représentant un guerrier debout. Ivoire.
BENIN (XVIe-XVIIe siècle).   Haut. 0 m. 36.   *Coll. Ratton.*

138. MASQUE en forme de tête d'antilope. Bois recouvert d'une épaisse couche de
N'Gula.
Tribu Okuni.   Haut. 0 m. 67.   *Coll. Ratton.*

139. MASQUE cornu, face humaine au nez et la bouche tordus. Bois teinté de noir.
Haut. 0 m. 34.   *Coll. A. Lhote.*

Cameroun

140. FIGURE représentant un homme assis. Epaisse patine noire. Bois.
FOTABONG, BANGU.   Haut. 1 m. 12.   *Coll. Ratton.*

141. FIGURE représentant une vieille femme maigre assise tenant devant elle une
coupe. Bois patine noire.
Région du Nord-Ouest.   Haut. 0 m. 84.   *Coll. Ratton.*

142. TÊTE. Bois, traces de polychromie.
Haut. 0 m. 20.   *Coll. Pierre Loëb.*

143. TÊTE. Bois, traces de polychromie.
Haut. 0 m. 18.   *Coll. Pierre Loëb.*

144. TABOURET supporté par deux personnages. Sur le siège femme consultant un
médecin. Bois enduit de N'gula.
BAFOUT.   Haut. 1 m. 05.   *Coll. Pierre Loëb.*

145. MASQUE en ronde bosse surmonté d'un animal aplati. Bois patine noire.
BAFOUM, localité Mbang.   Long. 0 m. 30.   *Coll. Tristan Tzaar.*

146. MASQUE représentant une tête humaine. Bois incrusté de graines rouges.
DJUMPERRI.   Haut. 0 m. 32.   *Coll. Edouard Loëb.*

147. MASQUE en ronde bosse représentant une tête humaine ornée d'une haute coiffure.
Bois en partie recouvert de cuivre.
BEKOM.   Haut. 0 m. 450.   *Coll. G. de Miré.*

148. MASQUE représentant une face humaine avec très grands yeux. Bois. Coiffure
et barbe faites de cheveux.
Haut. 0 m. 42.   *Coll. Ratton.*

149. MASQUE représentant une face humaine avec les joues gonflées. Bois patine noire.
Haut. 0 m. 47.   *Coll. Ratton.*

150. HAUT DE MASQUE « YOUYOU » formé de deux têtes. Bois monté sur une pièce
de vannerie et recouvert de peau, les yeux et les dents en fer.
BOKI.   Haut. 0 m. 25.   *Coll. Moris.*

151. HAUT DE MASQUE formé d'une tête en ronde bosse. Bois monté sur une pièce
de vannerie, coiffure de cuir, yeux et dents de fer.
Fleuve Cross.   Haut. 0 m. 40.   *Coll. Ascher.*

152. SOMMET DE MASQUE formé d'une tête en bois recouverte de peau d'antilope.
Les yeux sont en fer.
Fleuve Cross.   Haut. 0 m. 22.   *Coll. Paul Guillaume.*

153. TAMBOUR à signaux «Gasa bin». Bois évidé et sculpté en forme d'animal cornu.
BAIA (Caméroun du Sud). Haut. 0 m. 80. Long. 0 m. 231. *Coll. Musée d'Ethnographie
du Trocadéro.*

14

154. CANNE décorée de têtes et à son sommet de deux figurines de personnages. Bois
patine noire.
ÉMONBO (Yaoundé).   Haut. 1 m. 56.   *Coll. Jos. Hessel.*

155. COLLIER formé de vingt petits bucranes sur une armature plate. Bronze.
BAMOUM.   Diam. 0 m. 27.   *Coll. Ratton.*

156. BRACELET ouvert et ajouré décoré de caméléons. Bronze. Cire perdue.
BALI.   Diam. 0 m. 75.   *Coll. Ratton.*

157. POIDS représentant un homme debout, tenant un bouclier à la main. Bronze. Cire
perdue.
BAMOUM.   Haut. 0 m. 06 1/2.   *Coll. Mme Hein.*

158. CORNE ornée de deux têtes en bronze surmontées d'une haute coiffure ajourée.
BAMOUM.   Long. 0 m. 29.   *Coll. Béla Hein.*

159. CORNE d'appel. Une figure de personnage est sculptée dans la masse au-dessus
de l'embouchure. Ivoire patine rouge.
                                 Long. 1 m. 21.   *Coll. Ratton.*

160. EXTRÉMITÉ DE DÉFENSE D'ÉLÉPHANT gravée de deux animaux. Ivoire.
BAMOUM.   Haut. 0 m. 76.   *Coll. Bassler.*

161. BRACELET. Ivoire patine rouge.
BAMOUM.   Long. 0 m. 09.   *Coll. Le Véel.*

162. BRACELET ouvert. Ivoire patine rouge.
BAMOUM.   Haut. 0 m. 11.   *Coll. G. de Miré.*

163. TÊTE DE PIPE représentant un cavalier. Terre cuite.
BAHAM.   Haut. 0 m. 27.   *Coll. Pierre Loëb.*

Gabon

164. TÊTE « BIERI » ornée d'une coiffure tombante. Bois patine noire.
PAHOUIN.   Haut. 0 m. 47.   *Coll. Paul Guillaume.*

165. TÊTE « BIERI » ornée d'une coiffure en trois parties. Bois patine noire.
PAHOUIN.   Haut. 0 m. 35.   *Coll. Ascher.*

166. TÊTE « BIÉRI » ornée de tresses. Bois patine noire.
PAHOUIN.   Haut. 0 m. 24.   *Coll. Paul Guillaume.*

167. TÊTE « BIERI ». Bois patine rouge.
PAHOUIN.   Haut. 0 m. 21.   *Coll. Pierre Loëb.*

168. TÊTE « BIERI » à coiffure nattée. Bois patine noire.
PAHOUIN.   Haut. 0 m. 23.   *Coll. Ascher.*

169. TÊTE « BIERI » à coiffure tombante. Bois patine noire.
PAHOUIN.   Haut. 0 m. 25.   *Coll. Jos. Hessel.*

170. BUSTE DE FIGURE D'ANCÊTRE. Bois avec incrustations de cuivre.
PAHOUIN.   Haut. 0 m. 41.   *Coll. Roland Tual.*

171. BUSTE DE FIGURE D'ANCÊTRE. Bois patine noire.
PAHOUIN.   Haut. 0 m. 44.   *Coll. Paul Guillaume.*

172. FIGURE D'ANCÊTRE homme debout. Bois. Les yeux en cuivre.
PAHOUIN. Confins de la Guinée Espagnole.   Haut. 0 m. 70.   *Coll. G. de Miré.*

173. FIGURE D'ANCÊTRE représentant une femme debout. Bois patine noire.
PAHOUIN.   Haut. 0 m. 63.   *Coll. A. Derain.*

174. FIGURE D'ANCÊTRE femme debout portant un enfant sur le dos. Bois. Les yeux en cuivre. Bois patine noire.
PAHOUIN.   Haut. 0 m. 540.   Coll. G. de Miré.
175. FIGURE D'ANCÊTRE. Femme assise. Bois patine noire.
PAHOUIN.   Haut. 0. m. 43   Coll. G. de Miré.
176. FIGURE D'ANCÊTRE représentant un homme accroupi. Bois teinté de n'gula.
PAHOUIN.   Haut. 0 m. 42.   Coll. P.H. Bruce.
177. FIGURE D'ANCÊTRE représentant un homme assis tenant une coupe dans les mains. Bois patine noire.
PAHOUIN.   Haut. 0 m. 55.   Coll. Roland Tual.
178. FIGURE D'ANCÊTRE représentant un homme debout dos et ventre tatoués. Bois patine noire.
PAHOUIN.   Haut. 0 m. 48.   Coll. Galerie Percier.
179. FIGURE D'ANCÊTRE représentant une femme debout. Bois patine noire.
PAHOUIN.   Haut. 0 m. 49.   Coll. Galerie Percier.
180. FIGURE D'ANCÊTRE, homme assis. Bois patine noire.
PAHOUIN.   Haut. 0 m. 36.   Coll. Ascher.
181. FIGURE D'ANCÊTRE représentant un homme assis. Bois patine noire.
PAHOUIN.   Haut. 0 m. 30.   Coll. Pierre Loëb.
182. FIGURE D'ANCÊTRE représentant un homme debout. Bois patine noire.
PAHOUIN.   Haut. 0 m. 46.   Coll. Louis Carré.
183. FÉTICHE fixé dans un panier qui contient un crâne. Bois recouvert de lamelles de laiton et de cuivre.
BAKOTA (Ogooué).   Haut. 0 m. 42.   Coll. Félix Fénéon.
184. FÉTICHE tête à deux faces. Bois recouvert de cuivre et de laiton.
BAKOTA (Fleuve Ogooué).   Haut. 0 m. 69.   Coll. G. de Miré.
185. FÉTICHE. Bois recouvert de cuivre et de laiton.
BAKOTA (Fleuve Ogooué).   Haut. 0 m. 558.   Coll. G. de Miré.
186. FÉTICHE. Bois recouvert de cuivre et de laiton.
BAKOTA (Fleuve Ogooué).   Haut. 0 m. 651.   Coll. G. de Miré.
187. FÉTICHE. Bois recouvert de cuivre et de laiton.
BAKOTA (Fleuve Ogooué).   Haut. 0 m. 339.   Coll. Tristan Tzara.
188. FÉTICHE. Bois recouvert de laiton.
BAKOTA (Fleuve Ogooué).   Haut. 0 m. 308.   Coll. Tristan Tzara.
189. FÉTICHE. Bois recouvert de cuivre et de laiton.
BAKOTA (Fleuve Ogooué).   Haut. 0 m. 30.   Coll. Louis Marcoussis.
190. FÉTICHE « M'GALLÉ ». Bois recouvert de cuivre et de laiton.
BAKOTA (Haut-Ogooué).   Haut. 0 m. 75.   Coll. A. Lhote.
191. FÉTICHE « M'GALLÉ ». Bois recouvert de cuivre et d'étain.
BAKOTA (Haut-Ogooué).   Haut. 0 m. 57.   Coll. Louis Carré.
192. MASQUE figure humaine. Bois coloré de blanc.
Confins du Caméroun. Haut. 0 m. 32.   Coll. G. Braque.
193. MASQUE figure humaine. Bois.
                           Haut. 0 m. 30.   Coll. G. Braque.

Moyen Congo

194. FIGURE de femme debout (fétiche à clous). Bois patine brune.
                           Haut. 0 m. 93.   Coll. P. H. Bruce.

16

195. FIGURE de femme debout. Bois enduit de n'gula.
LOANGO.   Haut. 0 m. 49.   Coll. G. de Miré.

196. STATUETTE représentant un homme debout une boîte à fétiches sur la poi-
trine. Bois polychromé.
LOANGO.   Haut. 0 m. 53.   Coll. Paul Chadourne.

197. FÉTICHE à clous représentant un personnage debout. Bois.
MAYUMBE.   Haut. 0 m. 40.   Coll. Dr. Stéphen-Chauvet.

198. FIGURE féminine debout. Bois patine grise.
                           Haut. 0 m. 80.   Coll. Feder.

199. FÉTICHE médecine contre les maladies d'yeux représentant une femme à genoux,
une main sur l'œil. Bois teinté brun.
                           Haut. 0 m. 10.   Coll. Roland Tual.

200. FÉTICHE médecine représentant une femme aux genoux ployés. Bois teinté brun.
                           Haut. 0 m. 10.   Coll. Roland Tual.

201. FÉTICHE représentant une femme à genoux. Bois teinté brun.
                           Haut. 0 m. 10.   Coll. Roland Tual.

202. SIFFLET de cérémonie figurant un groupe de personnages. Bois patine noire.
LOANGO.   Haut. 0. m. 11   Coll. Dr. Stéphen-Chauvet.

203. INSTRUMENT DE MUSIQUE formé de deux tiges creuses terminées par deux
personnages adossés. Bois patine noire.
                           Haut. 0 m. 22.   Coll. Jos. Hessel.

204. MASQUE figurant une tête humaine. Bois polychromé, barbe en raphia.
BAVILI (Loango).   Haut. 0 m. 27.   Coll. M. Supervielle.

205. MASQUE représentant une tête humaine en forme de cœur. Bois polychromé.
                           Haut. 0 m. 24.   Coll. Tristan Tzara.

206. MASQUE. Bois polychromé.
                           Haut. 0 m. 45.   Coll. A. Lhote.

Congo belge

207. FÉTICHE représentant un homme debout, amulette formée par deux dents de
phacochère au cou, ceinture de dents de fauve et de perles de bronze. Bois patine
noire.
KWANGO.   Haut. 0 m. 52.   Coll. G. de Miré.

208. FIGURE D'ANCÊTRE représentant un homme debout. Bois patine noire.
OUROUA.   Haut. 0 m. 90.   Coll. Béla Hein.

209. FÉTICHE représentant une femme supportée par une callebasse et entourée à
la taille de coquillages et de feuilles de cuir.
OUROUA.   Haut. 0 m. 36.   Coll. Tristan Tzara.

210. FÉTICHE formé de deux personnages adossés. Bois patine brune.
OUROUA. Haut. 0 m. 57.   Coll. Paul Chadourne.

211. STATUETTE représentant un personnage debout, le corps orné de scarifications.
BAKUAMPIKA, BALUBA. Région Béna-Lulua. Haut. 0 m. 32. Coll. Galerie Percier.

212. AMULETTE représentant un personnage accroupi sur un bœuf dont il tient les
cornes. Bois patine noire.
                           Haut. 0 m. 11.   Coll. Le Véel.

213. STATUETTE représentant un singe accroupi. Bois patine noire.
                           Haut. 0 m. 11.   Coll. Mme B. Hein.

214. STATUETTE représentant une femme. Bois teinté brun.
Mayombé.   Haut. 0 m. 14.   *Coll. R. Stora.*

215. FIGURE représentant un homme debout (fétiche à clous). Bois trace de polychromie.
Bayakka.   Haut. 0 m. 71.   *Coll. Vignier.*

216. REPOSE-TÊTE supporté par une femme. Ivoire.
Badjok.   Haut. 0 m. 167.   *Coll. G. de Miré.*

217. STATUETTE représentant une femme debout. Ivoire patine rouge.
Région de Tanganyika.   Haut. 0 m. 17.   *Coll. Mme B. Hein.*

218. BUSTE. Ivoire. L'œil incrusté de cauries, une calotte de fibre végétale sur la tête.
Région du Tanganyika.   Haut. 0 m. 16.   *Coll. Béla Hein.*

219. TÊTE. Ivoire patine rouge. Œil incrusté de cauri.
Région de Tanganyika.   Haut. 0 m. 09.   *Coll. Mme B. Hein.*

220. TÊTE. Ivoire patine rouge.
Région de Tanganyika.   Haut. 0 m. 11.   *Coll. Béla Hein.*

221. STATUETTE formée de deux figurines adossées. Ivoire patine rouge-brun.
Région de Tanganyika.   Haut. 0 m. 14.   *Coll. G. Salles.*

222. TÊTE. Ivoire.
Région de Tanganyika.   Haut. 0 m. 075.   *Coll. Jos. Hessel.*

223. FIGURINE de forme conique à figuration humaine et ornée de décors géométriques. Ivoire. patine rouge-brun.
Région de Tanganyika.   Haut. 0 m. 10.   *Coll. Jos. Hessel.*

224. STATUETTE représentant un homme debout. Ivoire.
Kassaï.   Haut. 0 m. 20.   *Coll. Paul Guillaume.*

225. STATUETTE représentant une figure de femme debout. Ivoire.
Kassaï.   Haut. 0 m. 22.   *Coll. Paul Guillaume.*

226. STATUETTE. Ivoire.
Ouroua.   Haut. 0 m. 15.   *Coll. Félix Fénéon.*

227. CORNE D'APPEL surmontée d'un personnage accroupi. Ivoire patine rouge.
Région de Tanganyika.   Haut. 0 m. 41.   *Coll. Paul Chadourne.*

228. CORNE sculptée, décorée d'un masque et d'un animal. Ivoire patine rouge-brune.
Région de Tanganyika.   Haut. 0 m. 35.   *Coll. Jos. Hessel.*

229. CORNE sculptée ornée d'un personnage. Ivoire.
Région de Tanganyika.   Haut. 0 m. 24.   *Coll. Jos. Hessel.*

230. COUPE à décors géométriques. Ivoire.
Région de Tanganyika.   Haut. 0 m. 19.   *Coll. Moris.*

231. CORNE D'APPEL ornée d'un personnage sculpté. Ivoire teinté rouge.
Région de Tanganyika.   Haut. 0 m. 41.   *Coll. R. Stora.*

232. TROIS BRACELETS ornés de décors concentriques et d'ornements géométriques.
                 Diam. 0 m. 10 ; 0 m. 11 ; 0 m. 09.   *Coll. G. de Miré.*

233. MASQUE oblong représentant une figure humaine tatouée. Ivoire patine rouge.
Région de Tanganyika.   Haut. 0 m. 22.   *Coll. Béla Hein.*

234. MASQUE représentant une figure humaine tatouée. Ivoire patine rouge.
Région de Tanganyika.   Haut. 0 m. 22.   *Coll. G. de Miré.*

235. MASQUE représentant une figure humaine au long nez relevé surmonté d'un personnage accroupi. Bois polychromé et raphia.
Bayakka.   Haut. 0 m. 48.   *Coll. Ratton.*

18

236. MASQUE antropomorphe surmonté d'un animal. Bois patine brune et noire.
BAYAKKA.   Haut. 0 m. 47.   Coll. Deslouis.

237. MASQUE représentant une tête humaine. Bois polychromé orné de fibres et de plumes.
BAYAKKA.   Haut. 0 m. 62.   Coll. G. de Miré.

238. MASQUE représentant une tête humaine au nez recourbé. Bois polychromé.
BAYAKKA.   Haut. 0 m. 28.   Coll. Paul Chadourne.

239. MASQUE représentant une tête humaine stylisée. Bois polychromé.
BASSONGE, BENA M'BASSA.   Haut. 0 m. 63.   Coll. Béla Hein.

240. MASQUE représentant une tête humaine stylisée. Bois polychromé incrusté de perles de verre. Bouche recouverte de cuivre. Coiffure formée par tissu et cauries.
BEWA-LULUA. Région du Kassaï. Haut. 0 m. 50.   Coll. Moris.

241. MASQUE figure humaine. Bois polychromé orné de dessins géométriques.
BALUBA.   Haut. 0 m. 28.   Coll. Dr. Paul Chevallier.

242. MASQUE plat représentant une face humaine. Bois patine brune.
                                 Haut. 0 m. 21.   Coll. Louis Marcoussis.

243. MASQUE tête humaine. Bois recouvert de tissu polychrome orné de cauries et de perles de verre.
BAKUBA.   Haut. 0 m. 50.   Coll. M. Superville.

244. MASQUE plat. Bois polychromé.
Région indéterminée.   Haut. 0 m. 93.   Coll. A. Derain.

245. TABOURET supporté par une cariatide féminine. Bois teinté noir.
OUROUA.   Haut. 0 m. 660.   Coll. Dr. Stéphen-Chauvel.

246. SIÈGE supporté par une femme accroupie. Bois teinté noir.
OUROUA.   Haut. 0 m. 44.   Coll. Jos. Hessel.

247. COUPE portée par deux femmes. Bois teinté noir.
BASSONGE.   Haut. 0 m. 38. Long. 0 m. 36.   Coll. R. Stora.

248. FEMME ACCROUPIE tenant une coupe. Bois teinté noir.
BASSONGE.   Long. 0 m. 62.   Coll. Jos. Hessel.

249. COUPE sur piédouche ajouré avec anse à décors géométriques. Bois patine noire.
BAMBALA.   Haut. 0 m. 274.   Coll. Tristan Tzara.

250. COUPE à anse décorée de motifs géométriques et d'une main étalée au verso. Bois patine noire.
BUSHONGO.   Diam. 0 m. 136.   Coll. G. de Miré.

251. RÉCIPIENT décoré de motifs géométriques. Bois teinté de n'gula.
BUSHONGO.   Diam. 0 m. 86.   Coll. G. de Miré.

252. GOBELET en forme de tête humaine. Bois patine noire.
Bassin du Kassaï.   Haut. 0 m. 22.   Coll. Louis Carré.

253. GOBELET en forme de tête humaine. Bois teinté de n'gula.
BAKUBA. Bassin de Kassaï.   Haut. 0 m. 180.   Coll. G. de Miré.

254. GOBELET en forme de tête humaine portée sur deux jambes. Bois enduit de n'gula.
BAKUBA. Région de Kassaï.   Haut. 0 m. 245.   Coll. G. de Miré.

255. BOL décoré de motifs géométriques. Bois patine noire.
BAMBALA.   Diam. 0 m. 160.   Coll. G. de Miré.

256. BOITE cylindrique couverte, pied carré, ornée de décors géométriques. Bois enduit de n'gula.
BASSONGE.   Haut. 0 m. 159.   Coll. G. de Miré.

257. BOITE A FARD décorée de motifs géométriques. Bois teinté de n'gula.
Bassin de Kassaï.   Long. 0 m. 26. Larg. 0 m. 26.   *Coll. Galerie Percier.*

258. TAMBOUR tubulaire supporté par un piédouche décoré d'un animal et de motifs
géométriques. Bois patine noire.
BAKUBA. (Kassaï-Sankourrou).   Haut. 0 m. 115.   *Coll. G. de Miré.*

259. SONNETTE d'initiation. Bois polychromé et graines de fruits desséchées.
BAKONGO.   Haut. 0 m. 30.   *Coll. Dr. Stéphen-Chauvel.*

260. OREILLER représentant un personnage debout. Bois patine noire.
BAMBALA (Rivière Kioilu).   Haut. 0 m. 15.   *Coll. Dr. Stéphen-Chauvel.*

261. CANNE ornée de deux animaux et surmontée de deux personnages superposés.
Bois patine noire.
BAYAKKA.   Haut. 1 m. 10.   *Coll. Dr. Stéphen-Chauvel.*

262. CHASSE-MOUCHE. Bois et crins.
MAYOMBÉ.   Haut. 0 m. 400.   *Coll. Dr. Stéphen-Chauvel.*

263. PORTE-FLÈCHES supporté par une figure humaine orné de motifs géométriques.
Bois.
OUROUA.   Haut. 0 m. 610.   *Coll. Dr.-Stéphen-Chauvel.*

264. VELOURS DE FIBRES VÉGÉTALES (raphia) à décors géométriques.
BASHOBA.   Haut. 0 m. 37. Long. 0 m. 80.   *Coll. G. de Miré.*

265. VELOURS DE FIBRES VÉGÉTALES (raphia). Décors géométriques.
BAGANGO.   Haut. 0 m. 165. Long. 0 m. 35.   *Coll. G. de Miré.*

267. VELOURS DE FIBRES VÉGÉTALES (raphia). Décors géométriques.
BAMBALA.   Haut. 0 m. 64. Long. 0 m. 65.   *Coll. G. de Miré.*

268. VELOURS DE FIBRES VÉGÉTALES (raphia). Décors géométriques.
BAMBALA.   Haut. 0 m. 66. Long. 0 m. 37.   *Coll. G. de Miré.*

269. NATTE velours végétal (raphia). Décors géométriques.
KASSAÏ (Bushongo).   Haut. 0 m. 81. Long. 0 m. 67.   *Coll. Tristan Tzara.*

270. VELOURS DE FIBRES VÉGÉTALES (raphia).
KASSAÏ.   Haut. 0 m. 45. Long. 0 m. 65.   *Coll. Louis Marcoussis.*

271. VELOURS DE FIBRES VÉGÉTALES (raphia). Décors géométriques.
KASSAÏ.   Haut. 0 m. 35. Long. 0 m. 69.   *Coll. Galerie Percier.*

272. VELOURS DE FIBRES VÉGÉTALES (raphia). Décors géométriques.
KASSAÏ.   Long. 1 m. 17. Haut. 0 m. 52.   *Coll. Galerie Percier.*

273. VELOURS DE FIBRES VÉGÉTALES (raphia). Décors géométriques.
KASSAÏ.   Long. 1 m. 74. Haut. 0 m. 20.   *Coll. Galerie Percier.*

274. VELOURS DE FIBRES VÉGÉTALES (raphia). Décors géométriques.
KASSAÏ.   Long. 1 m. 26. Haut. 0 m. 43.   *Coll. Galerie Percier.*

275. VELOURS DE FIBRES VÉGÉTALES (raphia). Décors géométriques.
KASSAÏ.   Long. 1 m. 89. Haut. 0 m. 20.   *Coll. Galerie Percier.*

276. VELOURS DE FIBRES VÉGÉTALES (raphia). Décors géométriques.
KASSAÏ.   Long. 0 m. 77. Haut. 0 m. 30.   *Coll. Galerie Percier.*

277. VELOURS DE FIBRES VÉGÉTALES (raphia). Décors géométriques.
KASSAÏ.   Long. 0 m. 55. Haut. 0 m. 46.   *Coll. Galerie Percier.*

278. VELOURS DE FIBRES VÉGÉTALES (raphia). Décors géométriques.
KASSAÏ.   Long. 0 m. 57. Haut. 0 m. 35.   *Coll. Galerie Percier.*

<h1 style="text-align:center">Angola</h1>

279. STATUE FUNÉRAIRE femme agenouillée, les mains posées sur les cuisses. Bois patine noire.
Provenance St-Paul de Loanda (Mayombé). Haut. 0 m. 56.   *Coll. Henri Lavachery.*

280. CANNE à personnages ornée de dessins géométriques et de têtes, stylisés. Bois, bague d'étain champlevé.
Ancien royaume de San-Salvador. Haut. 1 m. 22.   *Coll. Dr. Stéphen-Chauvet.*

281. HAUT DE CANNE représentant une femme accroupie tenant un enfant à son sein, Ivoire patine rouge, yeux incrustés en laiton.
Ancienne république de San-Salvador. Haut. 0 m. 16.   *Coll. Mme B. Hein.*

282. STATUETTE représentant une femme crucifiée. Ivoire patine brune.
Confins du Bas-Congo.   Haut. 0 m. 112.   *Coll. Henri-Matisse.*

<h1 style="text-align:center">Territoire anglais du Tanganyika</h1>

283. MASQUE DE LIÈVRE surmonté de deux longues oreilles. Bois.
MALKONDÉ.   Haut. 0 m. 42.   *Coll. Ratton.*

284. MASQUE représentant une tête en ronde bosse. Bois.
MALKONDÉ.   Haut. 0 m. 26.   *Coll. Ratton.*

285. STATUETTE représentant un personnage debout. Bronze.
Origine indéterminée.   Haut. 0 m. 25.   *Coll. P.-H. Bruce.*

<h1 style="text-align:center">Madagascar</h1>

286. STATUE représentant une femme allaitant un enfant. Bois.
Haut. 1 m. 54.   *Coll. Ch. Vignier.*

287. POTEAU funéraire érigé à l'entrée du village de Manera pour les morts dont on ne connaît pas la sépulture. Bois sculpté.
Région Orientale de Madagascar. Mission Grandidier.
Haut. 2 m. 63.   *Coll. Musée d'Ethnographie du Trocadéro.*

287*bis*. CORNE sculptée.
Haut. 0 m. 25.   *Coll. Ary-Leblond.*

OCÉANIE

Nouvelle Guinée hollandaise

288. FIGURE D'ANCÊTRE représentant un homme debout couronné, tenant un vase dans ses mains. Bois.
Ile Tinanbar.   Haut. 0 m. 65.   *Coll. Roland Tual.*

289. KORVAR (figure d'ancêtre). Bois teinté brun.
Ile Kouroudou.   Haut. 0 m. 33.   *Coll. Pierre Loëb.*

290. MASQUE. Bois polychromé.
Ile Kouroudou. Village de Kaipurri. Haut. 0 m. 23.   *Coll. Pierre Loëb.*

291. REPOSE-TÊTE. Bois patine brune.
Village Severoe. Ile Jappen.   Long. 0 m. 49.   *Coll. Tristan Tzara.*

292. REPOSE-TÊTE. Bois.
Ile Jappen.   Haut. 0 m. 18.   *Coll. Pierre Loëb.*

293. BOUCLIER à décors géométriques. Bois polychromé.
                                 Haut. 1 m. 30.   *Coll. Edouard Loëb.*

Nouvelle Guinée anglaise

294. FIGURE D'ANCÊTRE. Bois patine brune.
RAMOU.   Haut. 0 m. 95.   *Coll. Pierre Loëb.*

295. FIGURE D'ANCÊTRE, homme accroupi. Bois patine noire, traces de peinture.
RAMOU.   Haut. 0 m. 44.   *Coll. G. de Miré.*

296. FIGURE D'ANCÊTRE, femme debout. Bois polychromé.
Fleuve Sépik.   Haut. 0 m. 31.   *Coll. Paul Guillaume.*

297. FIGURE D'ANCÊTRE, femme debout. Bois polychromé.
Fleuve Sépik.   Haut. 0 m. 80.   *Coll. Tristan Tzara.*

298. FIGURE PLATE représentant un homme debout. Face et corps entièrement tatoués. Bois polychromé.
Fleuve Sépik.   Haut. 0 m. 62.   *Coll. Ratton.*

299. FIGURE D'ANCÊTRE représentant un homme debout. Bois traces de peinture.
Fleuve Sépik.   Haut. 0 m. 59.   *Coll. Pierre Loëb.*

300. FIGURE D'ANCÊTRE. Bois. Traces de polychromie.
Fleuve Sépik.   Haut. 0 m. 82.   *Coll. Pierre Loëb.*

301. FIGURE D'ANCÊTRE Bois polychromé.
Fleuve Sépik.   Haut. 0 m. 89.   *Coll. Ascher.*

302. FIGURE D'ANCÊTRE représentant un homme debout. Bois. Coiffure formée de graines blanches et de plumes de paradis.
Fleuve Sépik.   Haut. 0 m. 48.   *Coll. Ratton.*

303. FIGURE D'ANCÊTRE représentant un homme debout portant un masque avec ornement nasal. Bois polychromé, poils de sanglier sur la tête.
Embouchure du fleuve Ramu.   Haut. 0 m. 41.   *Coll. Moris*

304. DEUX CRANES recouverts d'une préparation de latex, peints de tatouages, supportés par un crochet en bois polychromé.
Fleuve Sépik.   Haut. 0 m. 58. Larg. 0 m. 52.   *Coll. Béla Hein.*

305. ORNEMENT DE CASE en forme de masque. Bois polychromé.
Fleuve Sépik.   Haut. 0 m. 48.   *Coll. R. Stora.*

306. ORNEMENT DE MAISON COMMUNE en forme de masque antropomorphe. Bois polychromé.
Fleuve Sépik.   Haut. 0 m. 47.   *Coll. Béla Hein.*

307. MASQUE au nez en pointe. Bois, peinture rouge.
Fleuve Ramou.   Haut. 0 m. 50.   *Coll. G. de Miré.*

308. MASQUE de cérémonie. Bois teinté noir.
Fleuve Sépik.   Haut. 0 m. 72.   *Coll. Jos. Hessel.*

309. ORNEMENT en forme de masque au long bec. Bois incrusté de coquillages.
Fleuve Sépik.   Haut. 0 m. 63.   *Coll. Pierre Loëb.*

310. MASQUE. Bois patine noire, trace de polychromie.
Fleuve Sépik.   Haut. 0 m. 36.   *Coll. Pierre Loëb.*

311. MASQUE. Bois polychromé.
Fleuve Sépik.   Haut. 0 m. 18.   *Coll. Ratton.*

312. MASQUE. Bois polychromé.
Fleuve Sépik.   Haut. 0 m. 39.   *Coll. Ratton.*

313. MASQUE en forme de tête de poisson. Vannerie polychromée.
Fleuve Sépik.   Long. 0 m. 80.   *Coll. Ascher.*

314. AMULETTE, petit masque. Bois teint de rouge.
Embouchure du Ramou.   Haut. 0 m. 12.   *Coll. Paul Guillaume.*

315. MASQUE. Bois polychromé.
Fleuve Sépik.   Haut. 0 m. 87.   *Coll. Ratton.*

316. BOUCLIER décoré d'un masque et d'ornements géométriques. Bois polychromé.
Fleuve Sépik.   Haut. 1 m. 72.   *Coll. Ascher.*

317. BOUCLIER décoré de masques humains superposés. Bois polychromé.
Fleuve Sépik.   Haut. 1 m. 57.   *Coll. Ratton.*

318. BOUCLIER decoré d'un masque humain tirant la langue. Bois polychromé.
Fleuve Sépik.   Haut. 1 m. 68.   *Coll. Ratton.*

319. BOUCLIER, à figure humaine stylisée et décors géométriques. Bois polychromé.
Golfe Huon.   Haut. 0 m. 86.   *Coll. Dr. Paul Chevallier.*

320. SOMMET DE POTEAU DE CASE. Tête humaine, surmontée d'un oiseau. Bois sculpté, peint noir et blanc.
Fleuve Sépik.   Haut. 0 m. 79.   *Coll. M. Gosschalk.*

321. POTEAU en forme de crocodile, décoré de six oiseaux et d'une figure de femme. Bois polychromé.
Fleuve Sépik.   Haut. 1 m. 18.   *Coll. Tristan Tzara.*

322. POTEAU de case représentant une figure humaine.
Fleuve Sépik.   Haut. 1 m. 90.   *Coll. Ascher.*

323. LINTEAU représentant une figure d'homme et une figure de femme. Motifs d'oiseaux, animaux stylisés et ornements géométriques. Bois polychromé.
Fleuve Sépik.   Long. 3 m. 30.   *Coll. Ascher.*

324. TAMBOUR cylindrique à décors et masques stylisés.
Fleuve Sépik.   Haut. 0 m. 98.   *Coll. Pierre Loëb.*

4

325. TAMBOUR décoré de motifs stylisés. Anses formées de personnages. Il est supporté
par des socles décorés de masques.
Fleuve Ramou.   Long. 1 m. 40.   *Coll. Pierre Loëb.*

326. TAMBOUR décoré de rinceaux, poignée formée d'un oiseau au long bec.
Fleuve Sépik.   Haut. 0 m. 80.   *Coll. Ratton.*

327. TAMBOUR orné de motifs géométriques, poignée à décor de crocodiles adossés.
Bois polychromé.
Fleuve Sépik.   Haut. 0 m. 64.   *Coll. Ascher.*

328. TAMBOUR en forme de crocodile stylisé à décors géométriques. Bois patiné noire.
OROKOLE.   Haut. 0 m. 81.   *Coll. Dr. Paul Chevallier.*

329. TÊTE D'OISEAU. Bois polychromé.
Fleuve Sépik.   Haut. 0 m. 73.   *Coll. Pierre Loëb.*

330. HOCHET de danse décoré d'un masque humain.
Fleuve Sépik.   Haut. 0 m. 33.   *Coll. Ratton.*

331. SOMMET DE HOCHET de danse terminé par un perroquet. Le dos est orné d'un
lézard.
Fleuve Sépik.   Haut. 0 m. 45.   *Coll. Pierre Loëb.*

332. SOMMET DE HOCHET de danse terminé par un buste d'homme.
Fleuve Sépik.   Haut. 0 m. 38.   *Coll. Pierre Loëb.*

333. REPOSE-TÊTE décoré de personnages et d'animaux. Bois.
Fleuve Ramou.   Long. 0 m. 41.   *Coll. G. de Miré.*

334. REPOSE-TÊTE décoré de deux personnages accroupis et de motifs géométriques.
Bois, traces de peinture.
Fleuve Sépik.   Long. 0 m. 57.   *Coll. Tristan Tzara.*

335. REPOSE-TÊTE décoré de têtes. Bois ajouré, traces de polychromie.
Ile Tami.   Long. 0 m. 25.   *Coll. Tristan Tzara.*

336. PILON. Figure d'homme tatoué. Bois.
Fleuve Sépik.   Haut. 0 m. 36.   *Coll. Pierre Loëb.*

337. PILON surmonté d'un personnage à longs bras. Bois patine noire.
Fleuve Sépik.   Haut. 0 m. 45.   *Coll. Tristan Tzara.*

338. BOUCHON de tube à betel en forme d'oiseau. Bois ajouré et polychromé.
Fleuve Sépik.   Long. 0 m. 22.   *Coll. Ratton.*

339. BOUCHON DE BOITE A BETEL terminé par un oiseau. Bois polychromé.
Fleuve Sépik.   Long. 0 m. 54.   *Coll. Pierre Loëb.*

340. TUBE A BETEL incrusté de cauries. La spatule en bois polychromé est terminée
par une figure d'oiseau.
Fleuve Sépik.   Haut. 0 m. 53.   *Coll. Ratton.*

341. TUBE A BETEL dont l'extrémité est terminée par un masque humain. Bambou
et bois polychromé.
Fleuve Sépik.   Haut. 0 m. 75.   *Coll. Ratton.*

342. COUPE OVOIDE décorée de masques et de personnages. Bois polychromé.
Ile Tami.   Long. 0 m. 92.   *Coll. Paul Chadourne.*

343. COUPE A FARDS. Bois patine noire, traces de peinture.
Fleuve Sépik.   Long. 0 m. 26.   *Coll. Béla Hein.*

344. CINQ COUPES A FARDS. Bois polychromé.
Fleuve Sépik. Long. 0 m. 17 ; 0 m. 19 ; 0 m. 19 ; 0 m. 32 ; 0 m. 30.   *Coll. Ratton.*

345. MASSUE en forme de sabre à décors géométriques. Champlevés remplis de chaux.
Golfe Huon.   Haut. 0 m. 85.   *Coll. Paul Morand.*

24

Ile de l'Amirauté

346. GRANDE COUPE à Kawa, de forme hémisphérique, anses en forme de proue. Bois patine noire.
Diam. 1 m. 20.   *Coll. Ratton.*

347. COUPE en forme d'oiseau. Bois patine brune.
Long. 0 m. 48.   *Coll. Béla Hein.*

Archipel de Bismark

348. MASQUE DE DANSE à deux têtes superposées. Fibre, peint en noir, blanc et rouge.
NOUVELLE-BRETAGNE.   Haut. 0 m. 72.   *Coll. Joan Miro.*

349. ORNEMENT en forme de masque. Moelle de sureau polychromé, orné de plumes.
NOUVELLE-BRETAGNE.   Haut. 0 m. 30.   *Coll. Pierre Loëb.*

350. INSTRUMENT de musique en forme d'animal. Bois. Yeux formés par des opercules de coquillages, peinture blanche et rouge.
NOUVELLE-BRETAGNE.   Long. 0 m. 44.   *Coll. G. de Miré.*

351. MASQUE DE DANSE. Fibres végétales polychromées.
NOUVELLE-BRETAGNE.   Haut. 0 m. 24.   *Coll. Jacques Lipchilz.*

352. HAUT DE MASQUE représentant un animal stylisé. Fibre végétale polychromée.
NOUVELLE-BRETAGNE.   Long. 0 m. 50.   *Coll. Édouard Loëb.*

353. ORNEMENT DE CASE décoré de personnages et d'oiseaux. Bois sculpté et ajouré. Peint rouge, noir et blanc.
NOUVELLE-IRLANDE.   Larg. 1 m. 35.   *Coll. Félix Fénéon.*

354. FIGURE D'ANCÊTRE « ULI ». Bois patine noire, légères traces de polychromie.
MALANGGANE (Nouvelle-Irlande). Haut. 0 m. 97.   *Coll. G. de Miré.*

355. FIGURE D'ANCÊTRE « ULI ». Bois patine noire.
MALANGGANE (Nouvelle-Irlande). Haut. 0 m. 73.   *Coll. Pierre Loëb.*

356. FIGURE D'ANCÊTRE « ULI », bras écartés, jambe unique. Bois polychromé et ajouré.
NOUVELLE-IRLANDE.   Haut. 1 m. 15.   *Coll. Ratton.*

357. FIGURE D'ANCÊTRE « ULI ». Bois ajouré et polychromé. Les yeux formés par des opercules de coquillages.
NOUVELLE-IRLANDE.   *Coll. Ascher.*

358. LINTEAU DE PORTE orné de motifs d'oiseaux. Bois polychromé et ajouré.
TOUROU.   Haut. 2 m. 29.   *Coll. A. Dreyfus.*

259. ORNEMENT DE CASE à motifs d'oiseau et de figure humaine. Bois ajouré et polychromé.
NOUVELLE-IRLANDE.   Haut. 0 m. 93.   *Coll. Ascher.*

360. OISEAU aux ailes déployées tenant un personnage. Bois polychromé et ajouré.
NOUVELLE-IRLANDE.   Haut. 0 m. 97.   *Coll. Ascher.*

361. PEINTURE SUR ÉCORCE « BONGAS ».
NOUVELLE-IRLANDE.   Haut. 1 m. 22.   *Coll. Ratton.*

Iles Salomon

362. BOUCLIER, au dos poignée de bois. Armature en vannerie recouverte d'un enduit mosaïqué de nacre. Décor anthropomorphe et géométrique. Don du Prince Roland Bonaparte. (N° 19.305.)
Haut. 0 m. 84. Larg. 0 m. 28.   *Musée d'Ethnographie du Trocadéro.*

363. AVANT DE PIROGUE représentant une tête sytlisée soutenue par deux bras. Bois teinté noir et incrustation de nacre.
Ile Choiseul.   Haut. 0 m. 21.   *Coll. Y. Helft.*

364. AVANT DE PIROGUE représentant une tête stylisée. Bois teinte noire et incrustation de nacre.
Ile Choiseul.   Long. 0 m. 16.   *Coll. Tristan Tzara.*

365. AVANT DE PIROGUE à tête stylisée. Bois polychromé et incrustation de nacre.
Ile Choiseul.   Haut. 0 m. 26.   *Coll. Dr. Stéphen-Chauvet.*

366. AVANT DE PIROGUE représentant une tête stylisée. Bois teinté noir et rouge et incrustation de nacre.
Ile Choiseul.   Haut. 0 m. 25.   *Coll. Roland Tual.*

367. PALETTE bâton de danse orné d'une figure d'homme accroupi. Bois polychromé.
Ile Bouka.   Haut. 1 m. 40.   *Coll. R. Stora.*

368. CASSE-TÊTE. Le manche est incrusté d'ornements géométriques en nacre. Bois. L'éxtrémité est recouverte de peau de serpent.
Long. 0 m. 38.   *Coll. Yves Petit-Dutaillis.*

Nouvelle Calédonie

369. FIGURE D'HOMME debout. Bois patine noire.
Haut. 0 m. 50.   *Coll. Tristan Tzara.*

370. FIGURE D'HOMME debout. Bois patine brune.
Haut. 0 m. 42.   *Coll. Féder.*

371. MASQUE « APOUÉMA » représentant une tête humaine à nez recourbé prolongé d'un vêtement formé de plumes. Bois patine noire.
Haut. 1 m. 40.   *Coll. Moris.*

372. MASQUE « APOUÉMA ». Bois teinté noir.
Haut. 0 m. 37.   *Coll. Ch. Vignier.*

373. MASQUE « APOUÉMA ». Bois teinté noir.
Haut. 0 m. 39.   *Coll. A. Level.*

374. FLÈCHE FAITIÈRE décorée d'un buste d'homme. Bois. Traces de polychromie.
Haut. 1 m. 95.   *Coll. Ch. Vignier.*

375. FLÈCHE FAITIÈRE ornée d'un buste à double face. Bois, traces de polychromie.
Haut. 2 m. 50.   *Coll. Ch. Vignier.*

376. POTEAU D'ENTRÉE DE CASE « TALE » le haut représentant un masque et le bas orné d'un décor géométrique représentant un vêtement en plumes.
Haut. 1 m. 51.   *Coll. Galerie Percier.*

Nouvelles Hébrides

377. SOMMET DE POTEAU formé d'un masque. Fougère arborescente.
Long. 1 m. 35.   *Coll. Paul Chadourne.*

378. FIGURE antropomorphe debout. Fougère arborescente.
Haut. 1 m. 04.   *Coll. Paul Chadourne.*

379. MASQUE. Bois peint bleu et rouge
                    Haut. 0. m 30.   *Coll. Georges Salles.*
380. MASQUE formé de lattes de bambou surmontant une tête en latex polychromé.
Dents de phacochère.
                    Haut. 1 m. 45.   *Coll. Edouard Loëb.*

Nouvelle Zélande

381. PENDENTIF « HEI TIKI ». Néphrite. Provenant de l'expédition Dumont d'Urville sur l'Astralabe 1837.
                    Haut. 0 m. 10.   *Coll. Moris.*
382. PENDENTIF « HEI TIKI ». Néphrite.
                    Haut. 0 m. 09.   *Coll. Béla Hein.*
383. HACHE DE CÉRÉMONIE « WAHA IKA » ornée de deux Tikis. Ivoire marin.
                    Long. 0 m. 32.   *Coll. G. de Miré.*
384. HACHE DE CÉRÉMONIE « WAHA IKA » ornée d'un Tiki. Ivoire marin.
                    Long. 0 m. 37.   *Coll. Béla Hein.*
385. POTEAU DE CASE formé d'une tête et de deux figures superposées. Bois patine noire.
                    Haut. 1 m. 18.   *Coll. Pierre Loëb.*
386. PANNEAU représentant un Tiki accroupi. Bois patine noire.
                    Haut. 0 m. 83.   *Coll. Moris.*
387. PANNEAU représentant un Tiki accroupi tenant une flûte à la main. Bois patine noire.
                    Haut. 0 m. 83.   *Coll. Moris.*
388. AVANT DE PIROGUE « TAN IHO » sculpté à jour et orné de têtes et de décors géométriques. Bois patine brune.
                    Long. 1 m. 10.   *Coll. Tristan Tzara.*
389. ENTONNOIR sculpté de rinceaux et de figures de tikis destiné à l'ingurgitation de la nourriture pendant le tatouage. Bois patine brune.
                    Haut. 0 m. 19.   *Coll. Ratton.*
390. FLUTE à stylisation de tête ornée de motifs géométriques et d'incrustation d'haliotis. Bois patine brune.
                    Haut. 0 m. 34.   *Coll. Dr. Stéphen-Chauvet.*
391. FIGURE D'INTRONISATION représentant un buste d'homme stylisé et tatoué. Bois patine brune.
                    Haut. 0 m. 14.   *Coll. Roland Tual.*

Iles Fidji

392. TAPA rectangulaire à décors géométriques. Polychromie brune et noire sur fond jaune.
                    Long. 1 m. 82. Larg. 1 m. 60.   *Coll. Tristan Tzara.*

Archipel de Cook

393. PAGAIE DE CÉRÉMONIE décorée de motifs géométriques dérivés de figure humaine. Bois teinté brun.
Ile Hervey.   Haut. 1 m. 24.   *Coll. Paul Morand.*

<h2 style="text-align:center">Iles Marquises</h2>

394. POTEAU DE FAÇADE formé de deux personnages superposés. Bois polychromé.
TAAROA (Ile Hiva Oa).   Haut. 2 m. 40.   *Coll. Paul Chadourne.*
395. STATUETTE formée de deux tikis adossés. Pierre volcanique.
          Haut. 0 m. 19.   *Coll. Georges Salles.*
396. STATUETTE formée de deux tikis adossés. Pierre volcanique.
          Haut. 0 m. 16.   *Coll. Ratton.*
397. FIGURE ornée de deux tikis. Tuf volcanique.
          Haut. 0 m. 21.   *Coll. Paul Chadourne.*
398. STATUETTE représentant un tiki. Pierre volcanique.
          Haut. 0 m. 46.   *Coll. Yves Petit-Dutaillis.*
399. STATUETTE représentant un tiki. Pierre volcanique.
          Haut. 0 m. 17.   *Coll. Paul Chadourne.*
400. SOMMET DE PILON « KEA TUKI » orné de deux têtes de tikis. Pierre volcanique.
          Haut. 0 m. 17.   *Coll. Paul Chadourne.*
401. PILON « KEA TUKI » orné de deux têtes de tikis. Pierre volcanique.
          Haut. 0 m. 22.   *Coll. Paul Chadourne.*
402. MANCHE DE CUILLER formé de deux groupes de tikis adossés et superposés.
Os humain.
          Haut. 0 m. 10.   *Coll. Pierre Loëb.*
403. MANCHE D'ÉVENTAIL « TAHII » formé de plusieurs tikis accouplés et adossés.
Os humain.
          Haut. 0 m. 11.   *Coll. Béla Hein.*
404. POINÇON orné de deux tikis superposés. Os humain.
          Haut. 0 m. 19.   *Coll. Tristan Tzara.*
405. PIÈCE D'ENFILAGE « JWI-POO » représentant un tiki. Os humain.
          Haut. 0 m. 04.   *Coll. Tristan Tzara.*
406. PIÈCE D'ENFILAGE « JWI-POO » représentant un tiki. Os humain.
          Haut. 0 m. 04.   *Coll. R. Stora.*
407. ORNEMENT DE COIFFURE en fibre végétale ornée de tikis ajourés en écaille
montés sur nacre.
          Larg. 0 m. 50.   *Coll. Yves Petit-Dutaillis.*
408. PENDANT D'OREILLE « Putaiana ». Os sculpté.
          Long. 0 m. 03.   *Coll. Yves Petit-Dutaillis.*
409. DEUX PENDANTS D'OREILLE « Putaiana ». Os sculpté.
          Haut. 0 m. 06.   *Coll. Yves Petit-Dutaillis.*
410. PAIRE DE PENDANTS D'OREILLE « HAAKAE EI ». Dents de cachalot.
          Haut. 0 m. 85.   *Coll. Tristan Tzara.*
411. COUPE ornée de tikis. Bois brun.
          Haut. 0 m. 34.   *Coll. R. Stora.*
412. PIPE ornée de tikis. Bois patine noire.
          Long. 0 m. 14.   *Coll. Tristan Tzara.*
413. CASSE-TÊTE « UU » orné de tikis et de décors géométriques. Bois teinté noir.
          Haut. 1 m. 35.   *Coll. Yves Petit-Dutaillis.*

<h2 style="text-align:center">Ile de Pâques</h2>

414. TÊTE HUMAINE. Grès rouge sculpté. (Don de Tellier.)
          Haut. 0 m. 26. Larg. 0 m. 15.   *Musée d'Ethnographie du Trocadéro.*

415. TÊTE HUMAINE. Roche volcanique.
Haut. 0 m. 11.   *Coll. Mettler.*
416. TÊTE sans corps avec deux bras. Bois patine brune.
Haut. 0 m. 47.   *Coll. Pierre Loëb.*
417. FIGURE D'ANCÊTRE « MOAI KAWA-KAWA ». Bois patine brune.
Haut. 0 m. 60.   *Coll. Pierre Loëb.*
418. FIGURE D'ANCÊTRE « MOAI MIRO » représentant une femme debout « Moaï
papa ». Bois patine brune.
Haut. 0 m. 35.   *Coll. Paul Chadourne.*
419. STATUE « MOAI KAWAKAWA ». Bois patine noire. (Ancienne collection
Pierre Loti.)
Haut. 0 m. 27.   *Coll. Tristan Tzara.*
420. FIGURE D'ANCÊTRE « MOAI KAWA-KAWA ». Bois patine brune.
Haut. 0 m. 37.   *Coll. Mettler.*
421. FIGURE en forme de lézard « Moko Miro ».
Haut. 0 m. 70.   *Coll. Pierre Loëb.*
422. BATON DE COMMANDEMENT représentant un bras humain. Bois patine noire.
Long. 0 m. 36.   *Coll. Pierre Loëb.*

Sumatra

423. FIGURE représentant une femme accroupie tenant un enfant sur sa main.
Batak.   Haut. 0 m. 28.   *Coll. Mme Pierre Loëb.*
424. CORNE DE SORCIER, le couvercle est surmonté d'un cavalier. Corne et bois teinté
noir.
Batak.   Haut. 0 m. 23.   *Coll. R. Slora.*

Iles Philippines

425. STATUETTE représentant une femme debout. Bois patiné brune claire.
Haut. 0 m. 20.   *Coll. Louis Marcoussis.*

Hélio Léon Marotte Paris

Hélio Léon Marotte Paris

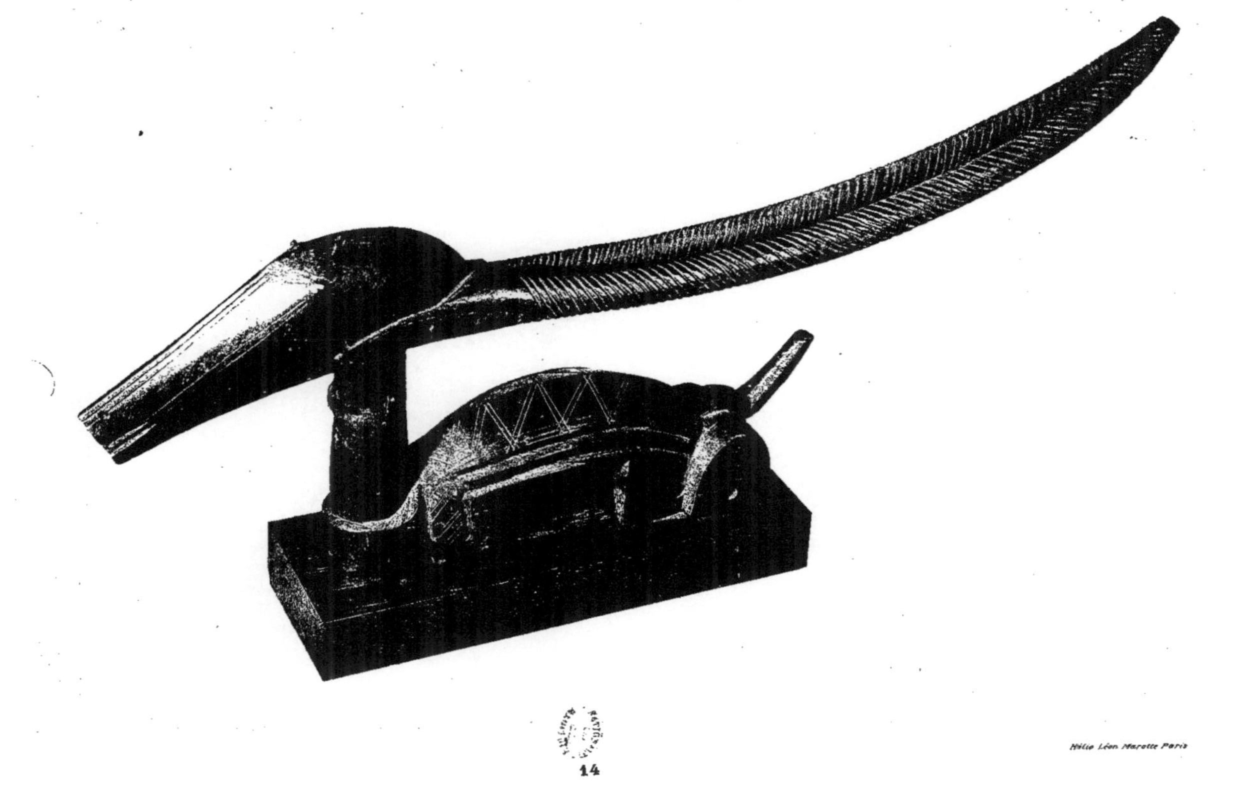

14

Hélio Léon Marotte Paris
18

165

Hélio Léon Marotte Paris

209

Hélio Léon Marotte Paris

Hélio Léon Marotte Paris

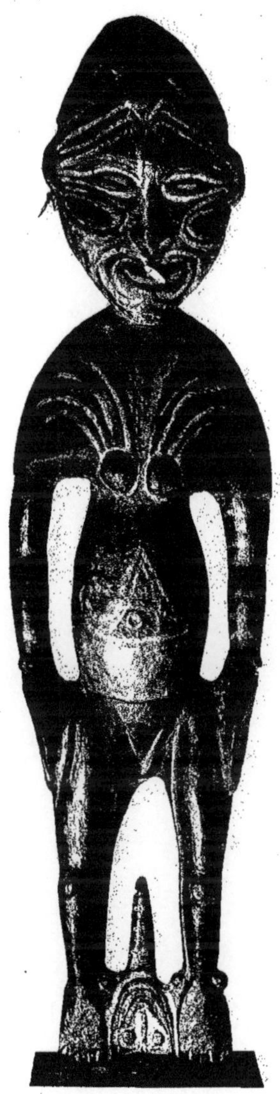

Hélio Léon Marotte Paris

324

Hélio Léon Marotte Paris

Hélio Léon Marotte Paris

Hélio Léon Marotte Paris